BEI GRIN MACHT SICH IHR WISSEN BEZAHLT

- Wir veröffentlichen Ihre Hausarbeit,
  Bachelor- und Masterarbeit

- Ihr eigenes eBook und Buch -
  weltweit in allen wichtigen Shops

- Verdienen Sie an jedem Verkauf

Jetzt bei www.GRIN.com hochladen und kostenlos publizieren

Patricia Schneider

Unzuverlässiges Erzählen in Emily Brontë's Roman "Wuthering Heights"

GRIN Verlag

Bibliografische Information der Deutschen Nationalbibliothek:

Die Deutsche Bibliothek verzeichnet diese Publikation in der Deutschen National-
bibliografie; detaillierte bibliografische Daten sind im Internet über http://dnb.d-
nb.de/ abrufbar.

Impressum:

Copyright © 2011 GRIN Verlag GmbH
Druck und Bindung: Books on Demand GmbH, Norderstedt Germany
ISBN: 978-3-656-70992-3

Dieses Buch bei GRIN:

http://www.grin.com/de/e-book/278154/unzuverlaessiges-erzaehlen-in-emily-
bronte-s-roman-wuthering-heights

Essay I: Unzuverlässiges Erzählen in Literatur und Film – Ein Beispiel Ihrer Wahl
Stellen Sie Ihr Beispiel knapp vor und begründen Sie Ihre Wahl.

Werden in einem Roman Widersprüche, Diskrepanzen oder Unstimmigkeiten entdeckt, wird meist die Zuverlässigkeit des Erzählers in Frage gestellt. Dieses Phänomen des unzuverlässigen Erzählens wird in folgendem Essay am Beispiel von Emily Brontë's Roman *Wuthering Heights* verdeutlicht.

Die Geschehnisse dieses Romans werden von zwei Ich-Erzählern wiedergegeben, die eine Rahmen- und eine Binnenhandlung bilden. Zu Beginn des Romans kommt Lockwood, ein typisch viktorianischer Gentleman und der erste Ich-Erzähler, zum Anwesen Wuthering Heights, da er das dazugehörende Anwesen Thrushcross Grange mieten will. Als er dabei auf die Bewohner von Wuthering Heights trifft, ist er schockiert über deren Umgang miteinander und verwundert über die Familienkonstellation der dort Wohnenden. Da er neugierig ist, wie es zu diesen Verhältnissen kam, und durch eine Krankheit viel Zeit hat, bittet er Nelly Dean, die ehemalige Haushälterin von Wuthering Heights, ihm die Geschichte der Bewohner zu erzählen.

Die beiden Ich-Erzähler sind in diesem Roman folglich sehr unterschiedlich. Lockwood verfügt über keinerlei Vorkenntnisse über die Charaktere und Geschehnisse der Binnenhandlung und repräsentiert somit gewissermaßen den Leser. Nelly hingegen hat die Geschehnisse, von denen sie berichtet, selbst miterlebt und kennt alle Charaktere persönlich. Aufgrund dieser Tatsache scheint Nelly eine sehr passend gewählte Erzählerin zu sein. Allerdings wird an verschiedenen Stellen deutlich, dass ihre Erzählweise nicht immer zuverlässig ist.

Da Nelly eine homodiegetische Erzählerin ist, ist sie prädestiniert dafür, in einem gewissen Grade unzuverlässig zu erzählen. Es darf nicht vergessen werden, dass Nelly zu den Protagonisten ihrer Erzählung in einem bestimmten Verhältnis steht. Da sie als Haushälterin eine sozial niedere Stellung einnimmt, liegt die Vermutung nahe, dass ihre Charakterisierungen durch Gefühle wie Neid und Eifersucht beeinflusst werden.

Des Weiteren ist es von Bedeutung, dass Nelly zwar hauptsächlich eine Augenzeugin der Geschehnisse ist, an verschiedenen Stellen im Roman jedoch auch selbst aktiv die Handlung beeinflusst. Beispielsweise ermöglicht sie es den

Protagonisten Catherine und Heathcliff sich zu sehen, obwohl dies von ihrem Herrn Edgar Linton strengstens verboten wurde. Somit stellt sich die Frage, in welchem Ausmaß Nelly für den tragischen Verlauf der Handlung verantwortlich ist und in wie weit sie dies zugibt.

Nellys Zuverlässigkeit wird allerdings durch eine ihrer Charaktereigenschaften besonders in Frage gestellt: Ihre Fähigkeit, vorsätzlich zu lügen. So belügt sie beispielsweise den jungen Linton, als dieser nach dem Tod seiner Mutter auf dem Weg ist, zum ersten Mal seinen Vater zu sehen. Durch ihre Lüge will sie ihm den Weg dorthin leichter machen (vgl. Kapitel 20). Des Weiteren wird im Laufe ihrer Erzählung deutlich, dass Nelly auch Tatsachen verheimlicht. Dies geschieht zum Beispiel, wenn sie Edgar Linton erzählt, dass seine Tochter glücklich verheiratet ist, obwohl sie kurz davor erzählt hat, dass diese aus Zwang geheiratet hat (vgl. Kapitel 28).

Aufgrund all dieser Tatsachen, ist Nellys Zuverlässigkeit als Erzählerin sehr zweifelhaft. Diese Unzuverlässigkeit soll nun an einem Auszug aus *Wuthering Heights* konkret gezeigt werden.

Im Laufe des Romans musste Nelly das Anwesen Wuthering Heights verlassen und schließt somit ihre Geschichte mit einer Erzählung von Zillah, einer anderen Bediensteten von Wuthering Heights ab. Daraufhin nimmt Lockwood erneut die Erzählung der Rahmenhandlung auf.

Nachdem ich diesen Bericht von Zillah gehört hatte, beschloss ich zuerst, meine Stellung aufzugeben, ein Häuschen zu mieten und Catherine zu mir zu holen; aber Mr. Heathcliff würde das ebenso wenig zulassen, wie er Hareton einen eigenen Haushalt gründen ließ; und deshalb sehe ich gegenwärtig keinen Ausweg, es sei denn, sie könnte sich wieder verheiraten; doch es steht mir nicht zu, in dieser Hinsicht etwas zu unternehmen.

Damit endete Mrs. Deans Geschichte. Trotz der Prophezeiung des Arztes erhole ich mich rasch, und obwohl wir erst in der zweiten Januarwoche sind, habe ich vor, in ein, zwei Tagen auszureiten, und zwar nach Wuthering Heights hinauf, um meinem Gutsherrn mitzuteilen, dass ich die nächsten sechs Monate in London verbringen werde und er sich, wenn er möchte, nach einem neuen Pächter umsehen kann, der das Haus im Oktober übernimmt -nicht um alles in der Welt möchte ich hier noch einen Winter verbringen.
[...]
Ich fragte, ob Mr. Heathcliff zu Hause sei. Nein, erwiderte er, zum Mittagessen sei er aber wieder zurück. Es war elf Uhr, und ich kündigte an, dass ich hineingehen und auf ihn warten wolle. Daraufhin warf er augenblicklich sein Arbeitsgerät hin und begleitete mich, aber nicht in Vertretung für den Hausherrn, sondern als Wachhund.

Wir gingen zusammen hinein. Drinnen saß Catherine, sie war damit beschäftigt, Gemüse für die bevorstehende Mahlzeit vorzubereiten. Sie war schlechter gelaunt und weniger lebhaft, als bei meinem ersten Besuch. Sie blickte kaum auf, um von mir Notiz zu nehmen, und setzte ihre Tätigkeit mit der gleichen Missachtung der üblichen Höflichkeitsregeln fort, die ich schon früher beobachtet hatte. Nicht einmal ansatzweise erwiderte sie meine Verbeugung und mein „Guten Morgen".
‚So liebenswert, wie Mrs Dean mich glauben machen wollte, ist sie wohl nicht', dachte ich. ‚Eine Schönheit ist sie, das stimmt, aber kein Engel.'[1]

In diesem Auszug lässt sich Nellys Unzuverlässigkeit deutlich erkennen. Nelly schließt ihre Erzählung ab, indem sie Lockwood vor Augen führt, dass für Cathy der einzige Weg aus dieser Tragödie eine erneute Heirat wäre. Aufgrund dieses Kommentars stellt sich die Frage, ob Nelly Lockwood die gesamte Geschichte nur aus einer bestimmten Motivation erzählt hat. Im Laufe der Geschichte wird deutlich, dass Nelly nur das Beste für Cathy will. Daher liegt die Vermutung nahe, dass sie darauf hofft, dass Lockwood Cathy heiratet und aus den tristen Verhältnissen, in denen sie lebt, befreit. Diese Vermutung wird am Ende des Auszugs bestätigt, wenn Lockwood erneut auf Cathy trifft und denkt, dass Cathy nicht so liebenswert ist, wie Nelly es in ihrer Erzählung dargestellt hat. An dieser Stelle wird folglich deutlich, dass Catherine von Nelly positiver dargestellt wurde als sie es eigentlich ist. Die Vermutung, dass die Geschichte mit dem Hintergedanken an eine mögliche Heirat erzählt wurde, wird somit unterstützt.

Folglich lässt sich Nellys Unzuverlässigkeit an vier Punkten festmachen: Erstens ist Nelly eine Bewohnerin der erzählten Welt und steht somit zu allen Charakteren in einem bestimmten Verhältnis, was ihre Darstellung sicherlich beeinflusst. Zweitens nimmt Nelly an verschiedenen Stellen Einfluss auf das Geschehen und ist somit keine unbeteiligte Berichterstatterin. Des Weiteren wird an verschiedenen Stellen deutlich, dass Nelly vorsätzlich lügt und Tatsachen verheimlicht. Und zu guter Letzt wird gegen Ende des Romans klar, aus welcher Motivation heraus Nelly die Geschichte erzählt hat.

---

[1] Emily Brontë: Sturmhöhe, Stuttgart 1986. In einer Übersetzung von Ingrid Rein.

3